JENI WRIGHT & LE CORDON BLEU

# PETITS PLATS COMME UN CHEF

• MARABOUT CÔTÉ CUISINE •

# Sommaire

## Entrées



## Plats du jour



## Recevoir le week-end



## Accompagnements



## Desserts

# Entrées

En général, les entrées sont uniquement servies pour les grandes occasions ; elles doivent donc être excellentes, car la première impression prime.

Il ne fait aucun doute que les meilleures entrées sont celles qui peuvent être préparées à l'avance. Cela vous permet d'accueillir vos invités et de vous concentrer sur les légumes qui doivent très souvent être préparés au moment de servir.

Si vous êtes pressé, vous serez tellement préoccupé de savoir quel plat préparer que vous risquez d'oublier l'entrée. Prenez soin de programmer l'ensemble du repas avant de commencer, pour pouvoir l'équilibrer non seulement en termes de saveurs et de richesse mais également en termes de durée de préparation. Si vous prévoyez de servir de la viande en plat principal, choisissez une entrée à base de poisson ou de légumes. Si vous prévoyez du poisson en plat principal, optez pour la viande ou les légumes en entrée. Faites l'inventaire complet de la liste des ingrédients de chaque recette et veillez à ne pas servir de saveurs semblables ou de la crème à chaque plat.

Dans ce chapitre, vous constaterez que toutes les préparations requièrent un minimum de temps et d'efforts. Certaines peuvent même être préparées la veille et entreposées au réfrigérateur jusqu'au lendemain. Lorsque vous recevez, dressez la table plusieurs heures à l'avance, sinon la veille, et servez l'entrée avant l'arrivée des invités, cela vous aidera à gagner un temps précieux. Prévoyez aussi du pain ou des petits pains et du beurre. La seule chose qui vous restera à faire est de découvrir les plats juste avant d'inviter vos convives à s'asseoir.

Souvenez-vous que l'entrée est avant tout une entrée en matière. Servez de petites portions pour mettre vos invités en appétit et faire en sorte qu'ils se réjouissent à l'avance du repas qui les attend.

# Potage au concombre
## et à l'aneth

Cette recette glacée d'inspiration scandinave est délicieuse servie avec de fines biscottes suédoises croustillantes. C'est une entrée idéale pour un barbecue, à servir dans des bols individuels glacés. La vaisselle de couleur blanche rehausse joliment le vert profond du potage.

*2 petits concombres (ou 1 1/2)*
*1 petite poignée de menthe fraîche*
*1 petite poignée d'aneth frais*
*500 ml de bouillon de poulet ou de légumes froid*
*150 ml de yaourt nature*
*sel et poivre du moulin*

**Décoration**

*4 cuillers à café de yaourt nature*
*quelques brins d'aneth frais et/ou de menthe*

Otez les extrémités des concombres, coupez-les grossièrement et placez-les dans un robot équipé de lames. Ajoutez la menthe et l'aneth. Hachez finement la préparation. Ajoutez le bouillon et hachez de nouveau jusqu'à obtenir un mélange homogène.

Passez le potage au tamis fin en le versant dans un bol et incorporez progressivement le yaourt au fouet. Salez et poivrez.

Couvrez et placez au réfrigérateur pendant 4 heures minimum.

**Avant de servir :** mélangez vigoureusement le potage et rectifiez l'assaisonnement. Versez dans des bols à potage. Ajoutez une cuiller de yaourt en dessinant une spirale dans chaque bol de service et parsemez de menthe et/ou d'aneth.

Pour 4 personnes.
Préparation : 20 minutes.

**Le conseil du chef**

*Préparez le potage la veille. Couvrez le bol hermétiquement avec du film plastique alimentaire et laissez reposer au réfrigérateur jusqu'au lendemain. Placez la soupière ou les bols individuels au réfrigérateur en même temps pour qu'ils soient glacés également.*

Pour 4 personnes.
Préparation : 15 à 20 minutes.

**Les conseils du chef**

*Les magrets de canard fumés entiers sont généralement vendus dans les grandes surfaces, chez les traiteurs et dans certaines boucheries. Vous pouvez également les acheter en tranches. Vous pouvez remplacer le magret de canard par la poitrine de poulet fumée entière. Elle est plus petite que le magret de canard et il faut en prévoir 2 pour 4 personnes.*

*Vous pouvez préparer ce plat la veille. Mélangez délicatement le brocoli et couvrez le bol avec du film alimentaire. Tranchez le canard, disposez-le sur les assiettes et couvrez avec du film alimentaire. Ajoutez les amandes et disposez le brocoli à côté du canard au moment de servir.*

# Magret de canard fumé
## au brocoli et aux amandes

Pour une jolie présentation, laissez la peau laquée et la graisse du canard fumé. Si vous préférez réduire les graisses et les calories, ôtez-les simplement avec les doigts avant de découper le magret en fines lamelles.

*250 g de brocoli en bouquets*
*sel et poivre fraîchement moulu*
*30 g d'amandes effilées*
*1 magret de canard fumé de 300 g environ*
*vinaigrette*
*3 cuillers à soupe de vinaigre de cidre ou de vinaigre de vin rouge*
*5 cuillers à soupe d'huile de noisettes*
*5 cuillers à soupe d'huile de tournesol*

Divisez les bouquets de brocoli et coupez les tiges. Blanchissez-les dans l'eau bouillante salée pendant 1 minute, égouttez et passez immédiatement sous l'eau froide. Egouttez à nouveau et laissez sécher sur du papier absorbant.

Placez les amandes dans une poêle non adhésive et faites sauter à feu modéré pendant 2 à 3 minutes à peu près, jusqu'à ce qu'elles soient uniformément dorées. Versez-les dans un bol et réservez.

Préparez la vinaigrette. Versez le vinaigre dans un grand bol, salez et poivrez à volonté et incorporez les huiles en mélangeant vigoureusement. Ajoutez le brocoli et mélangez délicatement. Réservez pendant au moins 30 minutes.

Découpez le canard fumé en diagonale en fines tranches.

**Avant de servir :** disposez le canard sur les assiettes, en superposant les bords. Mélangez délicatement les amandes et le brocoli et disposez le mélange à côté du canard, ou par-dessus si vous préférez et ajoutez du poivre noir au moulin.

Pour 4 personnes.

Préparation : 30 minutes.

Temps de cuisson : 2 à 3 minutes.

### Les conseils du chef

*Les traiteurs vendent des poivrons rôtis à la pièce, au kilo, et en bocal. Les poivrons rouges et jaunes donnent les plus belles couleurs pour préparer un coulis. Si vous le souhaitez, vous pouvez rôtir les poivrons vous-même.*

*Les coquilles Saint-Jacques ne sont pas toujours vendues avec le corail, mais il ajoute une jolie note colorée et son goût est excellent. Essayez-les si vous en avez l'occasion.*

### Variante

*Le saumon frais et le thon peuvent remplacer les coquilles Saint-Jacques.*

# Coquilles Saint-Jacques sautées au coulis de poivrons

Une entrée élégante réservée aux grandes occasions. Les coquilles Saint-Jacques sont coûteuses, mais elles sont rapides et faciles à préparer. C'est donc un plat merveilleux que vous pouvez aussi préparer en dernière minute.

*8 grandes coquilles Saint-Jacques*
*le jus de 2 citrons verts*
*90 ml d'huile d'olive*
*sel de mer et poivre noir fraîchement moulu*
*pour la garniture, quelques feuilles de coriandre fraîche*

**Coulis**

*175 g de poivrons rôtis*
*1 gousse d'ail émincée*
*100 ml d'huile d'olive*
*quelques gouttes de jus de citron vert*

Séparez les coraux des noix et ôtez les muscles caoutchouteux. Tranchez chaque coquille Saint-Jacques en 2 ou 3 fines tranches, en fonction de leur épaisseur. Placez les coraux et les noix dans un bol en verre ou en acier inoxydable. Dans un autre bol, mélangez vigoureusement au fouet le jus de citron vert et l'huile d'olive moins une cuiller à soupe. Poivrez abondamment et versez la marinade sur les coquilles Saint-Jacques. Couvrez et laissez mariner pendant 30 minutes.

Pendant ce temps, préparez le coulis : égouttez les poivrons si nécessaire et placez-les dans une moulinette équipée de lames en métal. Ajoutez l'ail et l'huile d'olive et travaillez en purée. Egouttez et assaisonnez suivant le goût, ajoutez le jus de citron vert pour allonger légèrement le coulis.

Egouttez les noix et les coraux et épongez-les. Chauffez le reste de l'huile dans une poêle non adhésive. Ajoutez les coquilles Saint-Jacques et faites-les sauter à feu vif jusqu'à ce qu'elles dorent de chaque côté, pendant 2 à 3 minutes en tout. Retirez-les de la poêle à l'aide d'une écumoire.

**Avant de servir :** disposez les noix et les coraux sur les assiettes de service et parsemez de quelques tours de moulin de sel de mer et de poivre noir. Versez le coulis à la cuiller au milieu, parsemez de feuilles de coriandre et servez sans attendre.

Pour 4 personnes.

Préparation : 15 minutes, plus 4 heures au réfrigérateur.

**Le conseil du chef**

*Surgeler le bœuf jusqu'à ce qu'il durcisse est une technique utilisée par certains chefs. C'est le meilleur moyen d'obtenir des tranches très fines.*

# Carpaccio de bœuf

Ce classique de la cuisine italienne fut inventé au célèbre Harry's Bar de Venise. Dans les restaurants italiens, il est habituellement servi avec une bouteille d'huile d'olive extra vierge pour agrémenter la viande. Vous pouvez aussi servir le carpaccio de cette manière.

*1 pièce de bœuf de 250 à 300 g prélevée dans le filet*
*sel et poivre noir fraîchement moulu*
*4 à 6 cuillers à café de coulis de basilic ou de pesto en bocal*
*quelques gouttes d'huile d'olive*
*4 cuillers à soupe de câpres égouttées*
*1 bloc de 150 g de parmesan*

Découpez et enlevez la graisse ou le nerf de la pièce de bœuf. Emballez-la dans un film alimentaire, en serrant bien. Placez-la au réfrigérateur pendant 4 heures pour qu'elle durcisse.

Une heure avant de servir, découpez la viande en tranches très fines, avec un mouvement de va-et-vient, au moyen d'un couteau bien aiguisé. Disposez la viande sur 4 assiettes de service en superposant le bord des tranches. Ajoutez sel et poivre et arrosez de coulis de basilic ou de pesto allongé d'huile d'olive. Hachez finement l'échalote ou l'oignon et parsemez-en le bœuf. Ajoutez les câpres.

Prenez le bloc de parmesan et découpez soigneusement, à l'aide d'un couteau économe, de fines lamelles, dans une assiette. Prenez-les du bout des doigts et posez sur le carpaccio. Couvrez les assiettes et laissez reposer à température ambiante pendant 30 à 45 minutes, le temps nécessaire pour dégeler la viande.

**Avant de servir :** découvrez les assiettes et servez sans attendre, accompagné de baguette chaude et croustillante.

Pour 4 personnes.

Préparation : 45 minutes.

Temps de cuisson : environ 10 minutes.

**Le conseil du chef**

*Avant d'acheter des moules, vérifiez qu'elles ne sont pas recouvertes de bernaches et qu'elles n'ont pas trop de barbe. Les moules sont parfois vendues nettoyées, ce qui permet de gagner beaucoup de temps.*

# Moules grillées
## au citron vert et au pesto

Si vous recevez, ces moules peuvent être disposées sur un lit de gros sel de mer dans des plats à gratin individuels. La présentation est ainsi assurée et le sel aidera à stabiliser les moules.

*1 kg de moules fraîches*
*1 échalote ou petit oignon*
*250 ml de vin blanc ou rouge sec*
*1 brin de thym frais*
*1 feuille de laurier*
*sel et poivre noir fraîchement moulu*
*4 cuillers à soupe de pesto rouge ou vert en bocal, selon vos préférences*
*pour la garniture, branches de basilic frais et quartiers de citron vert*

Rincez abondamment les moules sous l'eau froide et grattez les bernaches avec un petit couteau tranchant. Arrachez les barbes. Jetez les moules qui sont ouvertes ou qui ne se ferment pas lorsque vous les cognez sur le plan de travail.

Emincez l'échalote ou le petit oignon et versez dans une casserole avec le vin, le thym, la feuille de laurier, le sel et le poivre. Couvrez et amenez doucement à ébullition. Ajoutez les moules. Couvrez la casserole et laissez bouillir à feu vif, jusqu'à ce que les coquilles soient ouvertes, pendant 3 à 4 minutes.

Versez le jus de cuisson des moules et laissez refroidir à température ambiante. Enlevez une coquille de chaque moule et détachez le muscle de la coquille du dessous, sans l'enlever. Déposez une petite quantité de pesto sur chaque moule et disposez-les dans des plats à gratin individuels allant au four.

Quelques minutes avant de servir, préchauffez le gril du four (chaud). Placez les moules sous le gril pendant 1 minute environ en surveillant constamment jusqu'à ce que le pesto frémisse.

**Avant de servir** : intercalez quelques brins de basilic entre les coquilles et servez sans attendre, avec des quartiers de citron vert, pour assaisonner les moules. La baguette se marie très bien avec ce plat.

# Plats du jour

Les repas les plus difficiles à préparer sont ceux de tous les jours : les dîners que vous improvisez après une journée de travail harassante, alors que vous êtes fatigué et que le temps presse.

Les recettes présentées dans ce chapitre ont été choisies compte tenu de ces réalités. Elles associent des produits frais aux produits de base de votre garde-manger et sont aussi rapides que possible à préparer. Ces recettes qui permettent d'accommoder les œufs, les pâtes, le riz, le poisson, la volaille, la viande et les légumes vous offrent un vaste choix. Elles proposent également des suggestions pour varier ou modifier les recettes afin que vous puissiez utiliser ce que vous avez sous la main, sans devoir sortir pour acheter ce qui vous manque.

Le secret pour créer des repas imaginatifs et simples en semaine réside dans un garde-manger bien fourni. Ce recueil passionnant vous offre une cuisine française teintée de traditions culinaires italienne, espagnole, scandinave, chinoise, américaine et bien d'autres encore sous forme de recettes reposant sur des techniques de cuisson professionnelles et pourtant simples. Ces recettes pimenteront et relèveront vos préparations, que vous rêviez d'une soupe qui vous réchauffe en hiver, d'une salade estivale légère ou d'un plat principal original pour recevoir des amis un soir de semaine.

Les recettes de ce chapitre ont été élaborées dans le but de faciliter la préparation des dîners de tous les jours et de faire du repas après le travail ce dont tout le monde rêve : le repas le plus reposant de la journée.

Pour 2 à 3 personnes.

Préparation : 15 à 20 minutes.

Temps de cuisson : 1 heure environ.

**Les conseils du chef**

*Veillez à bien laisser brunir les oignons, c'est important pour donner à ce plat toute sa couleur et sa saveur.*

*Si vous n'avez ni porto, ni madère, vous pouvez utiliser du sherry ou du cognac, ou tout simplement ne rien ajouter du tout.*

*Si vous préparez votre potage la veille, sortez le bouquet garni à la fin de la cuisson. Coupez, laissez refroidir et mettez la soupe au réfrigérateur. Avant de servir, portez la soupe à ébullition, préchauffez le gril et préparez les croûtons au fromage.*

# Soupe à l'oignon

Elle est idéale pour vous réchauffer en hiver et tout le monde l'adore. Elle est encore meilleure lorsqu'elle est préparée la veille. C'est pourquoi elle convient parfaitement aux dîners informels, entre amis ou en famille, un soir de semaine.

*2 gros oignons, soit 500 g en tout*
*2 boîtes de 295 g de consommé de bœuf*
*90 g de beurre*
*sel et poivre noir fraîchement moulu*
*4 cuillers à café de farine*
*125 ml de vin blanc sec*
*1 bouquet garni*
*6 à 9 tranches de baguette*
*60 à 90 g d'emmenthal ou de gruyère*
*2 à 3 cuillers à soupe de porto ou de madère (facultatif)*

Coupez les oignons en deux dans le sens de la longueur et hachez-les finement. Additionnez d'eau le consommé pour obtenir 1,2 litre et amenez à ébullition. Réservez au chaud.

Laissez fondre le beurre à petit feu dans une cocotte. Ajoutez les oignons, remuez et assaisonnez d'une bonne pincée de sel. Couvrez et laissez mijoter doucement pendant 5 minutes. Retirez le couvercle, augmentez à feu moyen et faites revenir les oignons pendant 12 à 15 minutes, jusqu'à ce qu'ils soient bien dorés. Remuez fréquemment et surveillez de près en fin de cuisson pour éviter que les oignons n'attachent.

Saupoudrez de farine et reprenez la cuisson pendant 1 à 2 minutes, mouillez avec le vin et portez à ébullition. Laissez cuire encore 1 minute en remuant constamment pour détacher les sucs de cuisson au fond de la casserole. Versez le consommé chaud et ajoutez le bouquet garni, remuez et donnez un bouillon. Couvrez et laissez frémir pendant 30 minutes.

Pendant ce temps, préchauffez le gril et dorez légèrement les tranches de baguette des deux côtés. Laissez le gril allumé. Découpez de fines lamelles de fromage et déposez-les sur les tranches de baguette. Retirez le bouquet garni, ajoutez le porto ou le madère (si vous en utilisez) et assaisonnez à volonté.

**Avant de servir :** versez à la louche la soupe dans des bols de service allant au four. Déposez 3 tranches de baguette dans chaque bol et mettez à gratiner sous le gril jusqu'à ce que le fromage fonde et frémisse. Servez aussitôt.

# Pâtes *alla diavola*

"Alla diavola" signifie *à la diable* : ce nom est parfois utilisé pour les plats pimentés. Ces plats sont souvent originaires du sud de l'Italie et de la Sicile et datent de l'époque où les Arabes se sont installés dans ces contrées.

*250 g de spaghetti ou autres pâtes de votre choix*
*sel et poivre noir fraîchement moulu*
*chair de quelques gousses d'ail rôties*
*8 cuillers à soupe d'huile d'olive*
*1/4 à 1/2 cuiller à café de piments écrasés selon goût*
*au moment de servir, parmesan fraîchement râpé*

Laissez cuire les pâtes à grande eau bouillante salée comme indiqué sur l'emballage.

Pendant ce temps, mettez la chair d'ail rôti dans un bol avec l'huile d'olive et écrasez à la fourchette.

Egouttez les pâtes. Réchauffez l'huile parfumée à l'ail dans la casserole de cuisson des pâtes. Ajoutez les pâtes et les piments et remuez délicatement sans attendre. Goûtez et rectifiez l'assaisonnement.

**Avant de servir :** répartissez les pâtes dans deux bols que vous aurez fait chauffer au préalable et servez immédiatement avec du parmesan.

Pour 2 personnes.

Préparation : 5 minutes, plus le temps nécessaire à la préparation de l'ail rôti.

Temps de cuisson : 10 à 12 minutes.

**Le conseil du chef**

*Ce plat de pâtes tout simple doit être préparé avec de l'huile d'olive vierge pressée à froid de bonne qualité. Il contient peu d'ingrédients, ainsi la saveur fruitée de l'huile peut être pleinement appréciée.*

Pour 2 à 3 personnes.

Préparation : 10 minutes.

Temps de cuisson : 20 à 25 minutes.

**Variante**

*Remplacez le prosciutto par deux saucisses italiennes et les petits pois par un poivron rouge et un vert. Retirez la peau de la saucisse et coupez les poivrons en dés. Faites revenir la chair à saucisse avec l'oignon jusqu'à ce qu'ils se colorent. Ajoutez les poivrons et poursuivez la recette. Ajoutez 2 cuillers à soupe de basilic frais haché au moment de servir.*

# Risotto aux petits pois
## et prosciutto

Le risotto est un plat idéal pour un repas du soir en semaine parce qu'il est très rapide à préparer et à cuire. Si vous avez des amis en visite, servez-le avec de la ciabatta croustillante, du fromage italien et une salade verte assaisonnée, sans oublier la bouteille de vin, italien, bien entendu.

*1 petit oignon*
*125 g de prosciutto (jambon de Parme)*
*800 à 900 ml de bouillon de poule ou de légumes chaud*
*1 brin de thym frais*
*1 feuille de laurier*
*90 g de beurre*
*200 g de riz rond pour le risotto (arborio ou carnaroli)*
*125 ml de vin blanc sec*
*125 g de petits pois surgelés*
*sel et poivre noir fraîchement moulu*

**Décoration**

*lamelles de parmesan frais*

Ciselez l'oignon. Coupez de fines lamelles de prosciutto. Amenez le bouillon à ébullition dans une casserole avec le thym et le laurier et laissez frémir.

Mettez le beurre à fondre dans une cocotte, ajoutez l'oignon et laissez fondre à feu moyen jusqu'à ce qu'il soit bien réduit. Ajoutez le riz et remuez pendant 1 à 2 minutes jusqu'à ce qu'il soit enrobé de beurre.

Mouillez avec le vin. Remuez jusqu'à ce qu'il soit complètement absorbé. Ajoutez progressivement le bouillon frémissant à la louche, en laissant le riz absorber le liquide avant d'en ajouter. Lorsque la moitié du bouillon a été absorbée, ajoutez les petits pois surgelés et poursuivez la cuisson en mouillant avec le bouillon jusqu'à ce que le riz soit «al dente». La préparation doit être crémeuse, mais pas trop liquide.

**Avant de servir :** ajoutez le prosciutto et assaisonnez à volonté. Retirez du feu et laissez reposer pendant 2 minutes. Servez avec des lamelles de parmesan.

Pour 2 personnes.

Préparation : 5 minutes.

Temps de cuisson : 5 à 8 minutes.

**Les conseils du chef**

*Essayez de trouver dans votre supermarché des paquets de petites tranches de saumon. Elles sont moins chères que les tranches entières.*

*Pour accompagner les œufs brouillés, faites sauter 200 g de girolles et une cuiller à soupe d'échalote finement hachée dans 60 g de beurre. Ajoutez une cuiller à soupe de persil finement haché.*

**Variante**

*Pour un brunch hors du commun, remplacez le saumon fumé par 60 g de caviar. Ne le mélangez pas aux œufs ; contentez-vous de le déposer par-dessus juste avant de servir et garnissez d'un simple brin de cerfeuil. Pour un plat qui coûtera moins cher, mais qui présente aussi bien, utilisez des œufs de lump à la place du caviar.*

# Œufs brouillés
## au saumon fumé

Pour un dîner rapide et nourrissant après une journée de travail, rien ne vaut les tartines grillées aux œufs brouillés. Somptueux avec du saumon fumé et de la crème, servez-les coulants et crémeux pour créer un contraste avec le pain grillé croustillant.

*125 g de saumon fumé*
*1 poignée de ciboulette fraîche*
*6 gros œufs*
*sel et poivre noir fraîchement moulu*
*2 cuillers à soupe de crème double*
*30 g de beurre*

Découpez le saumon en fines lamelles. Ciselez la ciboulette aux ciseaux et réservez-en quelques brins entiers pour la garniture. Cassez les œufs dans un bol, assaisonnez et ajoutez la crème. Battez-les légèrement au fouet, juste ce qu'il faut pour casser les jaunes.

Dans une poêle non adhésive de taille moyenne ou une sauteuse, laissez fondre le beurre jusqu'à ce qu'il mousse. Ajoutez les œufs et laissez cuire à feu doux en remuant constamment et lentement avec une cuiller en bois jusqu'à ce que les œufs commencent à prendre. Ils doivent rester crémeux et coulants.

Retirez du feu et incorporez délicatement le saumon fumé. Goûtez et rectifiez l'assaisonnement.

**Avant de servir :** déposez les œufs brouillés sur des tranches de pain de seigle grillées, des petits pains au lait ou de la brioche. Parsemez de ciboulette et servez sans attendre.

Pour 2 personnes.

Préparation : 10 à 15 minutes.

Temps de cuisson : 15 minutes environ.

**Le conseil du chef**

*Les petits lardons se vendent dans la plupart des supermarchés. Ils permettent de gagner du temps et sont avantageux. La pancetta en petits dés ou le jambon italien séché sont des alternatives intéressantes. Ces produits ont plus de goût et sont plus salés que les lardons.*

# Roquette,

## pommes de terre sautées et petits lardons

C'est une excellente manière d'accommoder les restes de pommes de terre vapeur, ou cuites au four. Si vous n'en avez pas, vous pouvez les acheter toutes préparées en emballage sous vide. Elles cuisent en un rien de temps et ne contiennent ni colorant ni conservateur.

*175 à 250 g de petits lardons*
*500 g de pommes de terre cuites froides*
*1 à 2 cuillers à soupe d'huile d'olive*
*125 g de roquette*
*125 g de salade de feuilles de chêne, de lollo rosso ou toute autre salade au choix*
*vinaigrette à la moutarde*
*sel et poivre noir fraîchement moulu*

Laissez revenir les petits lardons dans une poêle non adhésive en remuant fréquemment à feu moyen pendant 5 à 8 minutes jusqu'à ce qu'ils soient bien dorés et croustillants. Pendant ce temps, coupez les pommes de terre froides en tranches ou en dés.

Retirez les lardons avec une écumoire. Versez l'huile d'olive dans la poêle (la quantité d'huile dépendra de la graisse rendue par les lardons) et réchauffez. Ajoutez les pommes de terre et faites-les sauter pendant 8 à 10 minutes jusqu'à ce qu'elles prennent couleur et deviennent bien croustillantes. Remettez les lardons dans la poêle et remuez délicatement la préparation.

Mettez la roquette et les autres salades dans un saladier et ajoutez le mélange de pommes de terre aux petits lardons. Versez la vinaigrette, assaisonnez à volonté et remuez délicatement.

**Avant de servir :** dressez sur deux assiettes de service et servez immédiatement.

# Poisson aux tomates
## et aux olives

Parfumé aux arômes de Provence, à la tomate, à l'ail et au thym, cet excellent plat convient parfaitement pour un dîner entre amis en semaine. Servez-le avec du couscous, du riz, de la purée de pommes de terre ou des pâtes, suivi d'une salade verte.

*1 boîte de 700 à 800 g de tomates pelées entières*
*1 petit oignon*
*4 gousses d'ail*
*60 g d'olives vertes ou noires dénoyautées*
*125 ml d'huile d'olive*
*1 feuille de laurier*
*2 brins de thym frais*
*sel et poivre noir fraîchement moulu*
*4 tranches de cabillaud bien épaisses, pesant chacune environ 175 g*
*pour la garniture, branches de thym frais (facultatif)*

Versez les tomates dans un tamis placé au-dessus d'un bol et égouttez-les. Passez-les ensuite à la moulinette et hachez-les grossièrement (elles ne doivent pas être entièrement passées). Ciselez l'oignon et l'ail. Coupez les olives en quatre dans le sens de la longueur.

Réchauffez deux tiers de l'huile dans une grande sauteuse, à feu doux. Ajoutez l'oignon et faites revenir pendant 2 à 3 minutes sans le laisser prendre de la couleur et ajoutez ensuite le jus de tomate, l'ail, la feuille de laurier et le thym. Augmentez le feu à modéré et laissez cuire, en remuant de temps en temps, jusqu'à ce que la préparation ait réduit de moitié. Ajoutez les tomates et laissez frémir à feu doux, en remuant de temps en temps, pendant 30 minutes, jusqu'à ce que la sauce soit bien épaisse.

Dix minutes environ avant que la sauce ne soit prête, préparez le poisson. Assaisonnez les darnes et réchauffez le reste de l'huile dans une autre sauteuse. Faites saisir le poisson et laissez cuire à feu moyen, pendant 6 minutes, en le retournant une seule fois.

Retirez la feuille de laurier et le thym de la sauce et nappez-en le poisson. Réservez-en pour le pourtour. Parsemez d'olives et assaisonnez à volonté. Secouez la poêle pour bien enrober le poisson.

**Avant de servir** : dressez les darnes dans des assiettes chaudes et nappez généreusement de sauce. Garnissez de thym et servez sans attendre.

Pour 4 personnes.

Préparation : 10 minutes.

Temps de cuisson : 35 minutes.

**Le conseil du chef**

*Ces darnes de cabillaud sont très blanches et charnues mais elles sont fragiles ; prenez garde de ne pas les casser pendant la cuisson. Laisser la peau vous aidera à les garder entières, mais vous préférerez peut-être la retirer : le poisson ne se mange généralement pas avec la peau.*

**Variantes**

*Le steak de thon ou d'espadon et la queue de lotte peuvent remplacer le cabillaud.*

*Vous pouvez utiliser des tomates concassées ou de la passatta en bocal (tomates passées au tamis). Certaines marques vendent également des tomates préparées avec de l'oignon, de l'ail et des fines herbes. Laissez simplement frémir pendant 10 à 15 minutes avant d'ajouter le poisson.*

Pour 4 personnes.

Préparation : 5 minutes, plus 10 minutes pour la marinade.

Temps de cuisson : 5 minutes.

**Le conseil du chef**

*Vous pouvez laisser mariner le poisson plus longtemps que 10 minutes si vous le souhaitez ; mais ne le laissez pas dans la marinade plus d'une heure, parce que le jus de citron cuit le poisson, comme dans le plat de poisson cru mexicain appelé «ceviche». Ce n'est pas un problème en soi, mais dans ce cas-ci, s'il avait mariné trop longtemps, le poisson, trop cuit, se détacherait en cours de cuisson.*

# Brochettes de poisson
## au citron vert et au romarin

Un plat principal frais et léger. Délicieux en été avec un accompagnement délicat de riz blanc ou de pommes de terre nouvelles vapeur et une salade verte bien charnue arrosée d'une vinaigrette au curry et au citron vert.

*4 filets de saumon sans peau bien épais, pesant chacun 150 à 175 g*
*sel et poivre noir fraîchement moulu*

**Marinade**

*2 gousses d'ail*
*1 petit brin de romarin frais*
*100 ml d'huile d'olive*
*2 cuillers à soupe de jus de citron vert*

**Décoration**

*tranches de citrons verts*
*2 brins de romarin frais*

Parez le saumon et retirez les arêtes. Rincez, essuyez et coupez le poisson en dés de 2 cm de côté que vous déposerez dans un plat creux. Salez, poivrez.

Préparez la marinade. Ciselez l'ail et les feuilles de romarin. Mettez-les dans un bol avec l'huile d'olive et le jus de citron vert et mélangez vigoureusement jusqu'à obtenir un mélange homogène.

Versez la marinade sur le poisson, mélangez délicatement jusqu'à ce que les dés de poisson soient bien enrobés. Couvrez et laissez mariner pendant 10 minutes. Pendant ce temps, préchauffez le gril.

Enfilez les cubes de poisson sur des piques à brochettes et passez-les sous le gril pendant 5 minutes en les retournant une seule fois. Réchauffez la marinade dans un petit poêlon.

**Avant de servir :** dressez les brochettes sur des assiettes chauffées et arrosez de marinade chaude. Servez immédiatement et décorez de tranches de citron vert et de brins de romarin.

Pour 4 personnes.

Préparation : 10 à 15 minutes.

Temps de cuisson : 30 minutes environ.

**Le conseil du chef**

*Un mélange de girolles, de cèpes et de trompettes de la mort est excellent ; hors saison vous pouvez utiliser un mélange de pleurotes et de champignons de Paris. De nombreuses grandes surfaces vendent des raviers de champignons sauvages mélangés. Ils sont pratiques et également très avantageux.*

# Blancs de poulet
## aux champignons sauvages

Ce plat riche et crémeux est idéal pour un dîner vite prêt entre amis, le soir après le travail. Servez-le avec des pâtes fraîches, des tagliatelles par exemple, ou du riz basmati. Servez ensuite une salade mixte assaisonnée de vinaigrette.

*250 g de champignons sauvages*
*3 échalotes*
*1 à 2 gousses d'ail*
*2 cuillers à soupe d'huile de tournesol*
*15 g de beurre*
*sel et poivre noir fraîchement moulu*
*4 blancs de poulet désossés de 175 g chacun environ*
*300 ml de bouillon de poulet chaud*
*175 ml de crème double*
*ciboulette fraîche, cerfeuil ou persil plat*

Emincez les champignons, ciselez les échalotes et écrasez l'ail. Faites chauffer l'huile et le beurre dans une poêle à frire. Assaisonnez et déposez les blancs de poulet dans la poêle et laissez cuire à feu doux à modéré jusqu'à ce qu'ils soient tendres mais sans prendre couleur, pendant 3 minutes environ de chaque côté.

Retirez et déposez dans une assiette les blancs de poulet et réservez. Ajoutez les échalotes dans la poêle et laissez fondre en remuant pendant 3 à 5 minutes jusqu'à ce qu'elles réduisent sans brunir. Ajoutez les champignons et l'ail et remuez délicatement à feu modéré à vif pendant 2 à 3 minutes.

Mouillez avec le bouillon et portez à ébullition en remuant. Mettez le poulet dans la poêle avec le jus de cuisson, couvrez et laissez cuire à petit feu pendant 10 minutes. Retirez le couvercle, remettez le poulet dans l'assiette et réservez au chaud.

Laissez cuire la sauce pendant 8 à 12 minutes à feu modéré, assaisonnez ensuite à volonté et incorporez 4 cuillers à soupe de crème. Replacez le poulet dans la poêle avec le jus de cuisson et laissez frémir pendant 1 à 2 minutes en retournant une seule fois le poulet.

**Avant de servir :** déposez le poulet sur les assiettes de service chauffées et nappez de sauce en déposant les champignons sur le poulet. Ajoutez une cuiller de crème sur chaque portion et parsemez de fines herbes. Servez sans attendre.

Pour 3 ou 4 personnes.

Préparation : 20 à 30 minutes.

Temps de cuisson : 10 minutes.

**Les conseils du chef**

*Les épices pour tacos s'achètent au rayon des produits mexicains des supermarchés. Ce mélange épicé est composé de poudre de piment, de paprika, de cumin, d'ail et d'origan.*

*Les tortillas de maïs se vendent en paquets dans le rayon des produits mexicains ou au rayon boulangerie. Fabriquées avec de la farine de maïs, elles sont tendres et rondes comme de grosses crêpes et parfumées d'une saveur terreuse.*

**Variante**

*Préparez des quesadillas. Confectionnez un sandwich de tortillas garni de fromage râpé, de piments jalapeño hachés et d'olives dénoyautées. Réchauffez dans une poêle non adhésive jusqu'à ce que le fromage commence à fondre. Retournez le sandwich et réchauffez de l'autre côté.*

# Fajitas

Les tacos sont habituellement des galettes de maïs croustillantes, farcies de piments, de purée de haricots rouges, de fromage râpé, de guacamole, de crème aigre, etc. Cette recette plus simple et douce est une adaptation californienne.

*375 g de rumsteck*
*1 sachet de 35 g d'épices à tacos*
*1 à 2 cuillers à soupe d'huile de tournesol*
*9 à 12 tortillas*

**Garnitures**

*1 oignon espagnol*
*2 à 3 tomates bien mûres*
*90 à 125 g de cheddar ou de gouda vieux*
*150 ml de crème aigre*
*1 ravier de 125 g de guacamole*

Découpez le rumsteck en fines lamelles, ôtez l'excès de graisse et les nerfs. Versez les lamelles dans un bol et saupoudrez du mélange d'épices à tacos. Mélangez la viande pour l'enrober d'assaisonnement et réservez.

Préparez la garniture. Hachez finement l'oignon et les tomates et râpez le fromage. Mettez ces ingrédients, ainsi que la crème aigre et le guacamole, dans des petits bols séparés.

Faites chauffer l'huile dans une poêle à frire. Lorsqu'elle est bien chaude, mettez les lamelles de steak et grillez à feu modéré à chaud jusqu'à ce qu'elles aient atteint l'appoint de cuisson que vous souhaitez, pendant 5 à 8 minutes. Versez dans un plat de service et réservez au chaud.

Réchauffez les tortillas sans ajouter de matière grasse dans une poêle à frire pendant quelques secondes de chaque côté jusqu'à ce qu'elles gonflent.

**Avant de servir :** invitez chaque personne à préparer sa propre fajita. Vous pouvez commencer par tartiner la tortilla de guacamole, parsemez ensuite de morceaux de viande et ajoutez les oignons, les tomates, le fromage et la crème aigre. Une fois garnie, la tortilla peut être roulée ou pliée comme une enveloppe. Les fajitas se mangent avec les mains.

Pour 2 à 3 personnes.

Préparation : 5 minutes.

Temps de cuisson : 25 minutes environ.

**Les conseils du chef**

*Il existe différentes poudres de chili. La plupart ne sont pas composées uniquement de piment, mais d'un mélange traditionnel d'épices et d'herbes utilisé dans la préparation du chili con carne. Certaines marques étant très pimentées, vérifiez si le mélange est épicé ou doux avant de l'acheter. Les quantités recommandées dans cette recette conviennent pour un plat moyennement pimenté. Vous pouvez adapter ces quantités à volonté.*

*Le chili se conserve pendant 3 jours au réfrigérateur et au surgélateur pendant 3 mois. Lorsque vous le réchauffez, veillez à ajouter un peu d'eau chaude pour éviter que le fond n'attache et assurez-vous que la cuisson reprenne convenablement pendant 10 minutes.*

# Chili

Vous pouvez préparer une grande quantité de chili en 30 minutes. De plus, ce plat supporte très bien d'être réchauffé le lendemain. En réalité, il est encore meilleur reposé et réchauffé. Servez-le avec du riz et saupoudré de cheddar et de crème aigre.

*1 oignon*
*2 gousses d'ail*
*1 poivron rouge*
*2 cuillers à soupe d'huile de tournesol*
*400 g de viande de bœuf hachée ou émincée*
*2 cuillers à café de poudre de chili*
*1 boîte de 400 g de haricots rouges*
*1 boîte de 400 g de tomates concassées*
*sel et poivre noir fraîchement moulu*

Hachez finement l'oignon et l'ail séparément. Coupez le poivron en dés. Faites chauffer l'huile dans une cocotte, laissez fondre l'oignon. Ajoutez l'ail et le poivron rouge et faites revenir pendant 1 minute.

Saisissez la viande et laissez-la prendre couleur, en remuant constamment et en l'écrasant avec le dos de la cuiller pour la concasser en petits morceaux. Ajoutez la poudre de chili et remuez pendant 1 à 2 minutes.

Egouttez et rincez les haricots, versez-les dans la casserole avec les tomates. Mélangez bien, assaisonnez à volonté et laissez frémir pendant 20 minutes.

**Avant de servir :** rectifiez l'assaisonnement et servez chaud.

# Bœuf au broccoli

Un plat sauté chinois authentique qui se cuit en quelques minutes à peine si vous faites bien les préparatifs. Servez avec du riz ou des nouilles aux œufs lors d'un dîner à partager entre amis.

*500 à 652 g de rumsteck, d'aloyau ou de steak*
*1/2 cuiller à café de sel*
*1 cuiller à soupe de vin de riz ou de sherry*
*3 cuillers à soupe de sauce de soja*
*1 cuiller à soupe de farine de maïs*
*175 g de bouquets de brocoli*
*1 oignon moyen jaune ou rouge*
*2 gousses d'ail*
*4 cuillers à soupe d'huile d'arachide*
*1 cuiller à soupe de sucre*
*2 cuillers à soupe de sauce d'huître*

Otez l'excès de graisse ou le nerf. Avec un couteau tenu à un angle de 45° par rapport au plan de travail, ciselez la viande. Mettez-la dans un bol et ajoutez le sel, le vin de riz ou le sherry et une cuiller à soupe de sauce de soja. Saupoudrez de farine de maïs et mélangez bien le tout. Couvrez et laissez reposer pendant 15 minutes.

Pendant ce temps, divisez le brocoli en petits bouquets et équeutez-le. Coupez l'oignon dans le sens de la longueur en 8 morceaux. Broyez l'ail.

Réchauffez 2 cuillers à soupe d'huile dans un wok ou une sauteuse. Quand l'huile est bien chaude, ajoutez la viande de bœuf et faites sauter à feu vif pendant 2 à 3 minutes. Sortez la viande avec une écumoire et réservez dans une assiette. Réduisez la chaleur et ajoutez le reste de l'huile dans le wok. Ajoutez ensuite le brocoli et 4 cuillers à soupe d'eau. Couvrez sans attendre et laissez mijoter pendant 4 minutes.

Retirez le couvercle, ajoutez l'oignon, l'ail et le restant de la sauce de soja et faites sauter à feu vif pendant 1 à 2 minutes ou jusqu'à ce que le liquide se soit évaporé. Mettez le bœuf dans le wok avec le jus de cuisson, mélangez et saupoudrez de sucre et mouillez avec la sauce d'huître. Faites sauter pendant 1 à 2 minutes jusqu'à ce que les ingrédients soient bien mélangés.

**Avant de servir :** présentez dans un plat de service préalablement chauffé et servez sans attendre.

Pour 3 à 4 personnes.

Préparation : 25 minutes.

Temps de cuisson : 10 minutes environ.

**Les conseils du chef**

*Pour gagner du temps lors de la préparation, vous pouvez acheter des tranches de viande de bœuf à rôtir que l'on trouve dans certains supermarchés.*

*L'huile d'arachide est souvent utilisée pour préparer les plats sautés parce qu'elle supporte une forte chaleur sans brûler. Il est possible d'acheter dans certaines grandes surfaces de l'huile spéciale pour les plats sautés : il s'agit d'un mélange d'huile végétale et de sésame parfumé au gingembre et à l'ail. Elle convient parfaitement pour un plat comme celui-ci. N'utilisez jamais d'huile de sésame pure pour faire sauter des aliments, car elle fume et brûle à basse température.*

**Variante**

*Remplacez le brocoli par 2 poivrons rouges ou orange ciselés.*

Pour 2 personnes.

Préparation : 7 à 10 minutes.

Temps de cuisson : 20 minutes environ.

**Le conseil du chef**

*Le poivre vert s'achète en petits bocaux ou en petites bouteilles chez les traiteurs et dans les grandes surfaces. Une fois ouverts, le bocal ou la bouteille peuvent être conservés pendant plusieurs mois au réfrigérateur. Le poivre en saumure est plus tendre que le poivre vert séché, mais reste croquant ; c'est pourquoi on le broie avant de l'utiliser.*

# Steak, sauce poivre vert

Un plat typique des brasseries françaises. Servez-le avec des pommes allumettes que vous pouvez mettre au four pendant que vous préparez et cuisez les steaks. Vous pouvez aussi ajouter une salade en garniture.

*2 petites échalotes*
*30 g de poivre vert en saumure*
*45 g de beurre*
*200 ml de bouillon de bœuf chaud*
*90 ml de crème double*
*sel et poivre noir fraîchement moulu*
*2 steaks dans le filet*
*2 cuillers à café d'huile de tournesol*
*2 cuillers à soupe de cognac (facultatif)*

Ciselez les échalotes. Egouttez et écrasez les grains de poivre à la fourchette. Dans un poêlon, laissez fondre 30 g de beurre, ajoutez les échalotes et faites-les revenir pendant 2 à 3 minutes, sans laisser brunir. Ajoutez les grains de poivre vert et faites revenir pendant 2 minutes.

Mouillez avec le bouillon, amenez à ébullition et laissez cuire pendant 5 à 10 minutes ou laissez réduire de moitié. Ajoutez la crème et laissez frémir pendant 5 minutes. Ajoutez du sel à volonté et réservez.

Préchauffez une poêle à frire à feu modéré. Salez et poivrez les steaks. Ajoutez l'huile et le reste du beurre et faites fondre le beurre jusqu'à ce qu'il mousse. Faites saisir la viande et laissez cuire pendant 2 à 4 minutes de chaque côté, selon que vous l'aimez peu ou très cuite. Déposez la viande sur les assiettes de service et réservez au chaud.

Versez l'huile de cuisson de la poêle et remettez-la sur le feu. Ajoutez les steaks, le cognac (si vous en utilisez) et la sauce. Reprenez la cuisson pendant 30 secondes de chaque côté.

**Avant de servir :** dressez les steaks sur des assiettes chauffées, nappez de sauce au poivre et servez immédiatement.

Pour 2 personnes.

Préparation : 20 minutes.

Temps de cuisson : 6 à 8 minutes ou quelques minutes de plus.

**Le conseil du chef**

*Les côtes d'agneau dans le collier sont les plus tendres et les plus juteuses et elles cuisent en un instant. Elles s'achètent préemballées dans les supermarchés, parfois sans bout de côte. Si vous aimez les basses côtes d'agneau, elles peuvent également être préparées de cette façon, mais doivent cuire quelques minutes de plus.*

# Côtes d'agneau grillées
## à la salsa de maïs et de poivron

L'association de côtes d'agneau brûlantes et d'une sauce froide rafraîchissante est sensationnelle. Pour réaliser un plat qui soit à la fois coloré et savoureux, servez accompagné de petites pommes de terre agrémentées de beurre et parsemées de fines herbes.

*6 côtes d'agneau (prélevées dans la meilleure partie du collier)*
*2 gousses d'ail*
*1 branche de thym frais*
*4 cuillers à soupe d'huile d'olive*
*sel et poivre noir fraîchement moulu*

**Salsa**

*1 poivron rouge*
*1 gousse d'ail*
*1 grosse poignée de coriandre fraîche*
*1 boîte de 198 g de maïs doux*
*4 cuillers à soupe d'huile d'olive*
*1 cuiller à soupe de jus de citron vert*
*1 pincée de sucre*

Parez et déposez les côtes d'agneau dans un plat creux. Hachez l'ail et les feuilles de thym, mettez-les dans un bol et incorporez l'huile d'olive et le poivre à volonté. Badigeonnez les côtes d'agneau des deux côtés avec cette préparation. Laissez reposer pendant 20 minutes environ.

Pendant ce temps, préchauffez le gril et préparez la salsa. Découpez finement le poivron rouge en petits dés, hachez l'ail et la coriandre. Egouttez le maïs doux, mettez-le dans un bol et ajoutez le poivron rouge, l'ail, la coriandre, l'huile d'olive, le jus de citron vert et le sucre. Mélangez soigneusement, salez et poivrez.

Enfournez les côtes sous le gril chaud pendant 3 à 4 minutes de chaque côté ou jusqu'à ce qu'elles soient cuites comme vous les aimez.

**Avant de servir :** dressez 3 côtelettes sur chaque assiette de service chauffée et versez la sauce sur le côté. Servez sans attendre avec le reste de salsa présenté séparément.

# Recevoir le week-end

Nous avons en général plus de temps le samedi et le dimanche que pendant la semaine. Les recettes présentées dans ce chapitre tiennent compte de cette réalité. Que vous invitiez des amis pour un dîner du dimanche, la famille pour un déjeuner de fête, ou quelques convives pour un petit dîner en toute simplicité ou un déjeuner au jardin ; que vous prévoyiez un dîner intime en tête-à-tête ou une maison peuplée d'invités lors d'un week-end, en toute occasion, vous devrez imaginer vos menus, faire les courses, préparer et cuisiner davantage.

Les recettes de ce chapitre sont simples, mais elles permettent d'obtenir des résultats étonnants. Ce sont des plats principaux, élaborés autour d'une pièce centrale : poisson et crustacés, poulet et canard, bœuf, agneau et porc. Certaines recettes sont simples et légères, d'autres riches et crémeuses, d'autres encore sont nourrissantes et substantielles. Elles proposent un vaste choix de saveurs, une combinaison de spécialités françaises, italiennes, scandinaves et orientales.

Lisez attentivement les recettes que vous avez choisies. Préparez et rassemblez soigneusement tous les ingrédients nécessaires avant de commencer. Cela vous permettra de gagner du temps par la suite. Tous les ingrédients se trouvent facilement dans les supermarchés et chez les traiteurs. Les temps de préparation et de cuisson ont été réduits au minimum, et chaque recette contient des suggestions de présentation et des astuces pour vous faciliter la vie lorsque vos invités sont arrivés. Planifiez l'organisation longtemps à l'avance et établissez un horaire de ce que vous avez à faire, en commençant par la fin, c'est-à-dire le moment de passer à table. N'oubliez pas de prévoir un temps avant le repas pour offrir à boire et quelques amuse-gueules. Ainsi, les retardataires éventuels passeront inaperçus et l'atmosphère sera plus détendue pour vous comme pour vos invités.

Pour 4 à 6 personnes.

Préparation : 45 minutes.

Temps de cuisson : 20 minutes environ.

**Variantes**

*Si vous aimez l'ail, ajoutez 2 à 4 gousses d'ail hachées en même temps que les fines herbes au début de la préparation.*

*Pour une saveur plus pimentée, faites suer les échalotes dans 20 g de beurre avec 1 à 2 cuillers à café de poudre de curry ou de garam masala avant de mouiller avec le vin.*

**Avant de servir :** *parsemez de persil haché et servez sans attendre.*

# Fricassée de fruits de mer

Riche, crémeux, généreux, c'est un plat principal à réserver pour une grande occasion. Dans les restaurants, les chefs le servent dans un poêlon de table en cuivre : c'est une très jolie présentation. Servez avec du riz blanc et faites suivre d'une salade.

*1 kg de grosses moules*
*500 g de filets de saumon débarrassé de sa peau*
*12 grosses coquilles Saint-Jacques*
*2 échalotes*
*1 grosse poignée de persil plat*
*1 brin de thym frais*
*1 feuille de laurier*
*400 ml de vin blanc sec*
*12 grosses crevettes non décortiquées*
*400 ml de crème double*
*sel et poivre noir fraîchement moulu*

Grattez convenablement les moules et retirez les barbes et les bernaches avec un petit couteau aiguisé. Jetez les moules qui sont ouvertes ou qui ne se ferment pas lorsque vous les cognez sur le plan de travail. Coupez le saumon en cubes de 2,5 cm. Séparez les coraux des noix des coquilles Saint-Jacques, coupez et jetez le muscle caoutchouteux. Coupez les noix de coquilles Saint-Jacques en deux. Ciselez les échalotes. Séparez les feuilles de persil de la tige et hachez les feuilles.

Versez les échalotes, les tiges du persil, le thym, la feuille de laurier et le vin dans une grande casserole et amenez à ébullition. Laissez bouillonner à feu vif jusqu'à ce que le court-bouillon réduise de moitié. Ajoutez les moules et les crevettes, couvrez et faites cuire à feu modéré jusqu'à ce que les moules s'ouvrent et que les crevettes prennent une couleur rose, pendant 5 minutes environ. Sortez les moules et les crevettes avec une écumoire. Epluchez les crevettes.

Faites passer le court-bouillon à travers un tamis fin et transvasez-le dans une casserole propre, amenez à ébullition. Réduisez le feu et ajoutez les coquilles Saint-Jacques, les coraux et le saumon, couvrez et faites cuire pendant 3 petites minutes seulement. Retirez le poisson et les coquillages avec une écumoire.

Faites réduire le liquide en sirop, ajoutez la crème et laissez frémir jusqu'à ce que la sauce nappe le dos d'une cuiller. Assaisonnez abondamment. Ajoutez le saumon, les coquilles Saint-Jacques, les moules et les crevettes. Remuez la casserole pour enrober de sauce les ingrédients, déposez ensuite les moules par-dessus. Couvrez et faites chauffer à feu doux pendant 2 à 3 minutes.

Pour 4 personnes.

Préparation : 15 à 20 minutes.

Temps de cuisson : 35 minutes.

**Le conseil du chef**

*C'est un plat idéal lorsqu'on reçoit des invités parce que le liquide de poisson est encore plus savoureux s'il est préparé la veille.*

# Soupe de poisson

Cette soupe exceptionnelle se sert en plat principal. Son goût délicat est absolument remarquable. Vous pouvez la servir lors d'un déjeuner ou d'un dîner. Elle peut être servie avec du riz dans des assiettes creuses ou simplement accompagnée de baguette croustillante.

*1 petit oignon*
*2 petites carottes*
*2 poireaux moyens (feuilles blanches et vert pâle uniquement)*
*15 g de beurre*
*1 cuiller à soupe d'huile d'olive*
*250 ml de vin blanc*
*1 grosse pincée de fils de safran ou un sachet de poudre de safran*
*sel et poivre noir fraîchement moulu*
*500 g de filet de cabillaud ou de haddock bien épais débarrassé de sa peau*
*500 g de filet de saumon débarrassé de sa peau*
*6 à 8 grosses coquilles Saint-Jacques*
*250 g de crevettes tigrées crues, dégelées si nécessaire*

**Pour servir**

*2 cuillers à soupe d'aneth frais*
*4 cuillers à soupe de crème fraîche*

Ciselez l'oignon, les carottes et les poireaux. Faites fondre le beurre avec l'huile dans un grand poêlon ou une cocotte en fonte. Ajoutez les légumes, couvrez et laissez cuire à feu doux pendant 15 minutes. Remuez de temps en temps.

Incorporez le vin et faites bouillir à feu vif jusqu'à ce qu'il soit évaporé, ajoutez ensuite 900 ml d'eau et le safran. Portez à ébullition. Assaisonnez, couvrez et laissez frémir pendant 15 minutes.

Découpez le poisson blanc et le saumon en cubes de 5 cm. Séparez le corail de la noix des coquilles Saint-Jacques et ôtez le muscle caoutchouteux. Coupez les coquilles Saint-Jacques en deux. Ajoutez le poisson blanc et le saumon dans la soupe et laissez frémir pendant 3 minutes. Ajoutez les crevettes, les noix et les coraux des coquilles Saint-Jacques et faites frémir pendant 3 petites minutes.

**Avant de servir :** parsemez de la moitié de l'aneth et ajoutez la crème. Remuez doucement la casserole pour bien mélanger le tout, sans casser les morceaux de poisson. Servez chaud, parsemé du reste d'aneth.

# Coquilles Saint-Jacques
## à la tomate et au safran

Pour 4 personnes.

Préparation : 10 minutes.

Temps de cuisson : 25 minutes environ.

Un plat tout simple qui peut même être préparé en dernière minute et qui convient parfaitement pour un dîner improvisé. Nous vous recommandons les coquilles Saint-Jacques fraîches, mais vous pouvez utiliser des produits surgelés pour autant que vous les laissiez bien dégeler et sécher avant de les cuisiner.

*1 boîte de 700 à 800 g de tomates pelées entières*
*2 à 3 échalotes*
*20 grosses coquilles Saint-Jacques*
*90 ml d'huile d'olive*
*sel et poivre noir fraîchement moulu*
*1 bonne pincée de fils de safran ou 1 sachet de poudre de safran*
*125 ml de vin blanc sec*

Transvasez les tomates dans un tamis placé au-dessus d'un bol et faites égoutter le liquide. Déposez les tomates sur une planche, hachez-les grossièrement, reversez-les dans le tamis et laissez égoutter pendant 10 minutes. Ciselez les échalotes. Séparez les coraux des noix, coupez et jetez les muscles caoutchouteux. Découpez les coquilles Saint-Jacques en deux.

Faites chauffer deux cuillers à soupe d'huile dans une poêle à frire à feu modéré. Assaisonnez les coquilles Saint-Jacques et faites-les saisir pendant 1 minute de chaque côté dans l'huile chaude. Déposez-les dans une assiette à l'aide d'une écumoire.

Ajoutez les échalotes dans la poêle et laissez cuire pendant 1 minute. Ajoutez le jus de tomate et le safran et laissez cuire à feu modéré pendant 5 à 8 minutes ou jusqu'à ce que le liquide ait réduit de moitié. Réservez.

Dans une casserole, faites cuire les tomates et le vin dans le restant d'huile à feu modéré pendant 5 à 10 minutes, jusqu'à ce que le mélange soit bien épais. Assaisonnez à volonté, ajoutez ensuite la sauce au safran et les coquilles Saint-Jacques. Faites cuire pendant 2 petites minutes jusqu'à ce que le mélange soit bien chaud.

**Avant de servir :** goûtez et rectifiez l'assaisonnement et versez sur le riz ou les pâtes.

**Variantes**

*Vous obtiendrez une saveur plus riche en faisant revenir quelques petits lardons ou des champignons de Paris émincés avec l'échalote.*

*Remplacez les coquilles Saint-Jacques par des filets de lotte, des gros coquillages de la Méditerranée ou des crevettes tigrées.*

Pour 4 à 6 personnes.

Préparation : 30 minutes.

Temps de cuisson : 20 minutes environ.

### Le conseil du chef

*Les supermarchés et les poissonniers vendent des filets de soles déjà nettoyés, mais si vous devez commander des poissons entiers, il vous faudra 3 soles pour détailler 12 filets. Achetez de la sole limande qui est moins chère que la sole et demandez au poissonnier de la parer.*

# Filets de sole
## au saumon fumé

C'est un plat qui présente très bien. Très élégant, il convient aux grandes occasions. Servez-le simplement accompagné de pommes de terre nouvelles vapeur servies avec du beurre et des fines herbes hachées et un légume simple comme la courgette ou les haricots mange-tout.

*2 grosses échalotes*
*1 dé de beurre en pommade*
*sel et poivre noir fraîchement moulu*
*12 filets de sole débarrassés de leur peau*
*4 à 6 cuillers à soupe de fines herbes ciselées*
*150 à 175 g de saumon fumé en tranches*
*400 ml de vin blanc sec*
*400 ml de crème double*
*pour la garniture, fines herbes fraîches*

Préchauffez le four à 180°, thermostat 4. Hachez les échalotes. Beurrez une grande cocotte en fonte que vous parsèmerez d'échalotes hachées, salez et poivrez.

Parez les filets de sole. A l'aide du plat d'un grand couteau, aplatissez légèrement les filets de poisson du côté débarrassé de la peau. Saupoudrez ce côté de poivre et d'herbes.

Découpez le saumon en fines lamelles et déposez-le sur les filets de sole recouverts de fines herbes. Roulez chaque filet en commençant par l'extrémité la plus large et piquez un cure-dent à travers la roulade pour éviter qu'elle ne se déroule. Déposez les roulades sur la tranche dans la casserole que vous avez préparée. Versez le vin et portez à ébullition à feu modéré. Couvrez sans attendre avec du papier de cuisson beurré ou du papier d'aluminium, mettez ensuite le couvercle. Enfournez pendant 12 minutes.

Retirez le poisson à l'aide d'une écumoire, couvrez avec le papier de cuisson ou d'aluminium et réservez au chaud. Remettez la casserole sur le plan de cuisson et donnez un bouillon. Ajoutez la crème et amenez à ébullition en remuant jusqu'à ce que le mélange soit bien réduit. Goûtez et rectifiez l'assaisonnement.

**Avant de servir :** retirez les cure-dents du poisson et disposez les roulades sur les assiettes de service chauffées. Nappez de sauce et garnissez d'herbes fraîches. Servez sans attendre.

# Poulet aux champignons
## et aux poireaux

Pour 4 personnes.

Préparation : 30 minutes.

Temps de cuisson : 20 à 25 minutes.

Farcis aux poireaux et nappés d'une sauce aux champignons parfumée au sherry, les blancs de poulet sont exquis. Présentez-les avec des haricots mange-tout et des pommes de terre nouvelles au beurre frais et aux fines herbes.

*175 g de blancs de poireaux*
*250 g de champignons de Paris*
*1 gousse d'ail*
*125 g de beurre*
*sel et poivre noir fraîchement moulu*
*125 ml d'huile de tournesol*
*200 ml de bouillon de poule chaud*
*4 blancs de poulet désossés et débarrassés de leur peau, pesant chacun 175 à 200 g*
*4 cuillers à soupe de sherry*

Découpez les poireaux en fines lanières et lavez-les à l'eau froide. Laissez-les tremper dans l'eau froide pendant 2 minutes. Emincez les champignons. Ecrasez l'ail.

Faites fondre la moitié du beurre à petit feu dans une sauteuse. Egouttez les poireaux et ajoutez-les au beurre chaud. Couvrez la sauteuse et faites revenir à feux doux jusqu'à ce qu'ils aient bien réduit pendant 5 minutes environ. Versez dans un bol, assaisonnez et laissez refroidir.

Faites chauffer la moitié de l'huile dans une sauteuse, ajoutez les champignons, l'ail, le sel et le poivre et faites sauter à feu vif. Versez le liquide en excès, ajoutez le bouillon et laissez frémir jusqu'à ce qu'il ait réduit de moitié. Retirez du feu.

Fendez chaque blanc de poulet en deux dans le sens de la longueur de manière à faire une poche. Farcissez ces poches avec les poireaux. Assaisonnez le poulet. Faites fondre le restant de beurre et chauffer l'huile dans une sauteuse, ajoutez le poulet et faites saisir à feu modéré jusqu'à ce qu'il brunisse. Après 3 minutes, retournez le poulet et réduisez un peu la chaleur. Faites cuire pendant 5 à 7 minutes en arrosant régulièrement. Dressez les blancs de poulet sur des assiettes de service chauffées, couvrez et réservez au chaud.

**Avant de servir :** faites déglacer la sauteuse au sherry et ajoutez ce liquide aux champignons, donnez un bouillon et laissez épaissir. Assaisonnez à volonté, nappez le poulet et servez sans attendre.

**Les conseils du chef**

*C'est un plat idéal pour recevoir des invités parce que les blancs de poulet peuvent être préparés et farcis la veille. Couvrez-les de film plastique et conservez-les au réfrigérateur. Préparez la sauce aux champignons et le poulet juste avant de servir.*

*S'il vous reste des poireaux après avoir farci les blancs de poulet, ajoutez-les aux champignons.*

Pour 4 personnes.

Préparation : 30 minutes.

Temps de cuisson : 1 heure environ.

**Les conseils du chef**

*Vous pouvez soit acheter un poulet entier et le découper vous-même ou l'acheter prédécoupé au supermarché. Les cuisses et les ailes sont conseillées parce que les os relèvent le goût de la sauce. Vous pouvez cuire le poulet avec ou sans peau.*

*Les oignons grelots sont difficiles à peler. Si vous les faites blanchir, l'opération devient plus facile. Mettez-les dans une casserole, couvrez-les d'eau froide et portez à ébullition. Laissez bouillir pendant 2 à 3 minutes, faites égoutter et rincez à l'eau froide.*

# Coq au vin

Voici une version simplifiée de la recette classique que l'on sert dans les brasseries et dont tout le monde raffole. Servez-le à la française avec des pommes de terre nouvelles au beurre et du persil plat finement haché et faites suivre d'une salade verte à la vinaigrette.

*1 petit oignon*
*1 petite carotte*
*1 petite branche de céleri*
*20 oignons grelots*
*sel et poivre noir fraîchement moulu*
*8 morceaux de poulet*
*2 cuillers à soupe d'huile de tournesol*
*90 g de lardons ou de bacon en dés*
*20 champignons de Paris entiers*
*500 ml de vin rouge, de Bourgogne de préférence*
*400 ml de bouillon de poule chaud*
*1 bouquet garni*
*pour la garniture, persil plat finement haché*

Hachez finement l'oignon, la carotte et le céleri. Pelez les oignons grelots (voir les conseils du chef). Assaisonnez le poulet. Réchauffez l'huile dans une cocotte en fonte, saisissez le poulet et faites-le revenir dans l'huile chaude. Retirez de la casserole et réservez. Ajoutez les lardons ou le bacon et faites revenir pendant 2 à 3 minutes, ajoutez ensuite les champignons et remuez délicatement jusqu'à ce qu'ils soient légèrement colorés. Avec une écumoire, retirez les lardons ou le bacon et les champignons. Réservez.

Ajoutez les légumes hachés dans la casserole et laissez cuire en remuant pendant quelques minutes. Versez le vin et laissez réduire de moitié, ajoutez ensuite le bouillon, les oignons grelots entiers et le bouquet garni. Portez à ébullition. Mettez le poulet dans la cocotte, couvrez et laissez frémir doucement pendant 30 à 40 minutes, jusqu'à ce qu'il soit bien tendre.

Retirez le poulet et les oignons grelots et réservez au chaud. Sortez le bouquet garni. Portez le liquide à ébullition et laissez réduire jusqu'à ce qu'il épaississe légèrement. Ajoutez ensuite les lardons et les champignons et remuez jusqu'à ce que la préparation soit bien chaude.

**Avant de servir :** goûtez et rectifiez l'assaisonnement, transvasez le poulet et les oignons dans la casserole et parsemez de persil haché. Servez chaud.

# Rôti de bœuf
## braisé au vin rouge

Pour 4 à 6 personnes.

Préparation : 20 minutes.

Temps de cuisson : 2 à 3 heures.

C'est le plat idéal pour un déjeuner en fin de semaine : toute la préparation peut se faire la veille et la viande peut mijoter à petit feu dans le four pendant la matinée. Servez avec une purée de pommes de terre et un ou deux légumes de saison.

*1 grande carotte*
*1 petit oignon*
*1 branche de céleri moyenne*
*2 gousses d'ail*
*2 à 3 cuillers à soupe d'huile de tournesol*
*1,5 kg de bœuf dans la culotte roulé et lié*
*1 cuiller à soupe de farine*
*2 cuillers à soupe de purée de tomates*
*1 bouquet garni*
*sel et poivre noir fraîchement moulu*
*400 ml de vin rouge*
*600 ml de bouillon de bœuf chaud*

Préchauffez le four à 170°, thermostat 3. Hachez finement tous les légumes et l'ail sans mélanger les ingrédients. Faites chauffer l'huile dans une cocotte en fonte et saisissez la viande à feu modérément vif jusqu'à ce qu'elle brunisse de tous côtés. Sortez la viande et réservez.

Videz la graisse inutile et réduisez le feu à modéré à doux. Ajoutez les carottes, l'oignon et le céleri et faites sauter pendant 2 à 3 minutes. Ajoutez la farine et la purée de tomates, mélangez bien et laissez cuire pendant 1 minute. Ajoutez ensuite le vin, l'ail et le bouquet garni. Salez et poivrez à volonté.

Remettez la viande dans la casserole et laissez frémir jusqu'à ce que le vin ait réduit d'un tiers. Ajoutez le bouillon et faites reprendre la cuisson, laissez frémir, couvrez la casserole et enfournez. Laissez cuire pendant 2 heures à 2 heures 1/2 ou jusqu'à ce que la viande soit tendre.

Retirez et réservez la viande au chaud. Passez le liquide de cuisson dans un tamis, transvasez-le dans la casserole et réduisez à volonté. Goûtez et rectifiez l'assaisonnement.

**Avant de servir :** découpez la viande en tranches et dressez-les sur un plat de service chauffé. Nappez de sauce et servez sans attendre. Présentez le reste de la sauce dans une saucière.

### Les conseils du chef

*La culotte est un morceau idéal pour les préparations à la casserole. Vous n'en trouverez peut-être pas qui soit roulée et ficelée dans les supermarchés, mais les bouchers le font à la demande. La poitrine de bœuf, le gîte et le gîte à la noix sont vendus en roulades. Ils peuvent aussi être utilisés, mais le résultat ne sera pas aussi bon.*

*Les rôtis de bœuf s'achètent également bardés. Cela permet d'obtenir une viande juteuse, mais vous devrez peut-être écumer et dégraisser la sauce avec du papier absorbant après l'avoir passée au tamis.*

Pour 2 personnes.

Préparation : 10 minutes.

Temps de cuisson : 30 minutes environ.

**Le conseil du chef**

*Les magrets (ou blancs de canard désossées) provenaient à l'origine exclusivement des canards de Barbarie, mais ce n'est plus le cas aujourd'hui. On les trouve désormais en grandes surfaces et dans les boucheries spécialisées. Les produits sont habituellement vendus sous vide. Ils sont riches et charnus. On sert habituellement un grand magret pour 2 personnes. Il faut toutefois vérifier son poids à l'achat, car vous devrez peut-être prévoir un magret par personne.*

# Magret de canard
## à la sauce au miel et à la coriandre

Un plat principal pour un dîner de fête en tête-à-tête. Son parfum délicat d'inspiration orientale s'accompagne idéalement de simples nouilles aux œufs et de légumes sautés : nous conseillons les jeunes oignons verts et les poivrons rouges.

*1 grand magret de canard de 250 g au moins*
*sel et poivre noir fraîchement moulu*
*2 cuillers à soupe de coriandre en grains*
*125 ml de miel liquide*
*4 cuillers à soupe de sauce de soja*
*175 ml de bouillon de poule chaud*

**Décoration**

*brins de coriandre fraîche*

Otez la peau et la graisse en excès et incisez la graisse restante en dessinant un croisillon, salez et poivrez des deux côtés.

Faites sauter sans matière grasse les graines de coriandre dans une sauteuse non adhésive jusqu'à ce qu'elles libèrent un arôme épicé et prennent une couleur foncée. Pilez-les ensuite au mortier. Versez le miel et la sauce de soja dans un petit poêlon et amenez lentement à ébullition en remuant. Ajoutez le bouillon et les graines de coriandre concassées et faites bouillir à petit feu jusqu'à ce que la préparation réduise, pendant 10 minutes environ. Retirez du feu et réservez.

Déposez les magrets du côté gras dans une sauteuse et faites cuire à feu modéré. Poursuivez la cuisson pendant 10 minutes, en appuyant sur le canard avec une spatule pour le garder aussi plat que possible. Videz la graisse inutile, retournez le canard et laissez cuire pendant 7 minutes ou jusqu'à ce qu'il soit cuit comme vous l'aimez. Pendant ce temps, passez la sauce au tamis dans une casserole propre et réchauffez doucement.

**Avant de servir :** découpez la viande en diagonale en tranches très fines et dressez-la en éventail dans des assiettes de service chauffées. Arrosez la viande de sauce, garnissez les assiettes d'un brin délicat de coriandre fraîche et servez sans attendre.

Pour 2 personnes.

Préparation : 10 à 15 minutes.

Temps de cuisson : 10 minutes environ.

**Le conseil du chef**

*Assurez-vous que le bœuf soit bien saisi à feu vif. Si la chaleur n'est pas assez forte, la viande perdra son jus et elle aura le goût et l'apparence de la viande bouillie.*

**Variante**

*S'il y a du cognac dans la maison, ajoutez-en une cuiller à soupe après avoir fait revenir l'échalote ou l'oignon et faites-le réduire complètement avant d'ajouter l'ail et le paprika.*

# Bœuf stroganov

Un excellent plat pour une soirée passée à la maison si vous souhaitez servir un repas original sans pour autant consacrer trop de temps à sa préparation. Servez avec du riz et une salade verte mélangée et assaisonnée de vinaigrette.

*250 g de filet de bœuf de première qualité dans la culotte ou l'aloyau*
*1 grosse échalote ou un petit oignon*
*1 petite gousse d'ail*
*30 g de beurre*
*1 cuiller à café de paprika*
*2 cuillers à soupe d'huile de tournesol*
*sel et poivre noir fraîchement moulu*

**Décoration**

*150 ml de crème fraîche*
*1 cornichon à l'aneth ou aigre-doux détaillé en julienne*
*1 à 2 cuillers à soupe de persil plat finement haché*

Parez et coupez la viande en lanières de 4 cm de long sur 5 mm d'épaisseur. Ciselez l'échalote ou l'oignon. Ecrasez l'ail.

Faites fondre le beurre dans une poêle à frire, ajoutez l'échalote ou l'oignon et faites revenir à petit feu pendant 5 à 7 minutes jusqu'à ce qu'ils soient tendres et transparents. Ajoutez l'ail et saupoudrez de paprika. Faites cuire pendant 1 minute en remuant constamment. Retirez le mélange du feu et réservez.

Ajoutez l'huile dans la poêle et faites chauffer à feu vif. Lorsqu'elle grésille, ajoutez la viande et remuez pendant 2 à 3 minutes jusqu'à ce que la viande soit bien saisie et brunie. Ajoutez le mélange d'échalote, salez et poivrez et réchauffez en remuant constamment.

**Avant de servir :** incorporez la crème fraîche et servez sans attendre parsemé de julienne de cornichon et de persil.

Pour 4 personnes.

Préparation : 30 minutes environ.

Temps de cuisson : 10 minutes environ.

**Les conseils du chef**

*Bien que la préparation des roulades de veau puisse paraître fastidieuse, la rapidité de la cuisson permet de rattraper le temps perdu. Les roulades peuvent être préparées jusqu'à 24 heures à l'avance et conservées au réfrigérateur dans un plat couvert.*

*La viande de veau est naturellement tendre et délicate. Ne prolongez pas le temps de cuisson sinon elle deviendrait sèche et élastique.*

# Saltimbocca

Saltimbocca se traduit littéralement par «saut dans la bouche», et ces bouchées de viande de veau roulée farcies de sauge sont si appétissantes qu'on les imagine sans peine réussir cet exploit. Servez-les à l'italienne, accompagnées de courgettes, de brocoli ou de haricots.

*4 fines tranches d'escalope de veau, pesant chacune 150 g environ*
*poivre noir*
*1 petite botte de sauge fraîche*
*100 g de jambon de Parme*
*3 à 4 cuillers à soupe d'huile d'olive*
*250 ml de vin blanc sec*
*sel*

**Décoration**

*brins de sauge fraîche*

Déposez la viande de veau entre des feuilles de film plastique et aplatissez-la avec le fond d'une casserole jusqu'à ce qu'elle soit très fine. Découpez chaque escalope en petits carrés ou en rectangles pour obtenir 30 bouchées en tout.

Donnez quelques tours de moulin à poivre sur la viande et déposez 1 à 2 petites feuilles de sauge sur chaque morceau. Découpez le jambon de Parme en petits morceaux que vous déposerez sur la sauge. Confectionnez une petite roulade avec chaque morceau de viande et piquez un cure-dent en bois à travers chaque roulade afin qu'elle ne s'ouvre pas.

Faites chauffer l'huile dans une grande poêle à frire à feu modéré à fort. Ajoutez les saltimbocca par petites quantités et faites revenir pendant 2 à 3 minutes tout au plus jusqu'à ce qu'elles brunissent de tous côtés. Retirez-les de la poêle et réservez au chaud. Ajoutez le vin dans la poêle et faites bouillir jusqu'à ce qu'il soit bien réduit, en remuant pour détacher les sucs de cuisson. Assaisonnez à volonté.

**Avant de servir :** retirez les cure-dents et dressez la viande sur un plat de service chauffé. Nappez de sauce, garnissez de brins de sauge frais et servez sans attendre.

Pour 4 à 6 personnes.

Préparation : 15 à 20 minutes.

Temps de cuisson : 1 heure 1/4 environ.

**Le conseil du chef**

*La harissa est une sauce piquante et épaisse faite à base de piments, d'ail et d'épices. Elle est vendue en tube, en boîte ou en bocal dans la plupart des supermarchés. Les tubes sont très pratiques à utiliser. Ajoutez progressivement la harissa jusqu'à obtenir le résultat souhaité. Présentez-en dans un petit bol de service pour les personnes qui aiment la nourriture très épicée.*

**Avant de servir :** *sortez le bouquet garni de la casserole, incorporez la harissa. Disposez un monticule de couscous dans des assiettes ou des bols individuels chauffés et versez la préparation par-dessus. Parsemez de coriandre fraîche et servez.*

# Couscous d'agneau

Un ragoût tunisien délicatement aromatisé et savoureux. C'est un plat complet qui ne nécessite aucun accompagnement et est idéal pour une soirée informelle. La viande et les légumes sont plus savoureux s'ils sont cuits la veille.

*1 kg de viande d'agneau désossée dans l'épaule ou le collier*
*2 oignons rouges moyens*
*8 à 12 petites pommes de terre nouvelles*
*4 carottes*
*2 tomates pesant au total 150 g environ*
*2 gousses d'ail*
*3 cuillers à soupe d'huile d'olive*
*1 cuiller à café de curcuma*
*2 cuillers à soupe de purée de tomate*
*1 bouquet garni*
*1 cuiller à café de sel de mer*
*1 navet de 200 g environ*
*2 courgettes*
*1 boîte de 400 g de pois chiches*
*250 g de couscous précuit*
*1/2 à 1 cuiller à café de harissa selon goût*

**Décoration**

*de la coriandre fraîche hachée*

Parez la viande d'agneau et découpez-la en petits morceaux. Coupez les oignons en quartiers. Coupez les pommes de terre en deux ou quatre morceaux (il n'est pas nécessaire de les peler). Pelez les carottes et découpez-les en gros morceaux. Hachez grossièrement les tomates et écrasez l'ail.

Faites chauffer l'huile dans une grande casserole et saisissez la viande par petites quantités à feu vif. Transvasez toute la viande dans la casserole et ajoutez les oignons, les pommes de terre, les carottes et le curcuma. Mélangez bien, ajoutez la purée de tomates et mélangez à nouveau. Ajoutez les tomates et l'ail et couvrez d'eau froide. Ajoutez ensuite le bouquet garni et le sel et portez à ébullition. Couvrez et laissez cuire pendant 30 minutes.

Pelez et découpez le navet en quartiers. Découpez les courgettes en grosses rondelles. Egouttez et rincez les pois chiches. Ajoutez le navet, les courgettes et les pois chiches dans la casserole et faites cuire pendant 30 minutes ou jusqu'à ce que la viande soit tendre. Pendant ce temps, faites cuire le couscous en suivant les instructions fournies sur l'emballage.

# Médaillons de porc
## aux poireaux sauce moutarde

Pour 4 personnes.

Préparation : 20 minutes.

Temps de cuisson : 20 à 25 minutes.

Un mélange de saveurs françaises et orientales qui permet d'obtenir un plat très original. Il peut être accompagné de gratin dauphinois (page 75), qui est cuit au four, et vous laisse la possibilité de vous concentrer sur la préparation de la viande de porc qui se prépare sur le plan de cuisson.

*750 g de porc (dans le filet)*
*3 gousses d'ail*
*3 cuillers à soupe de sauce soja*
*2 cuillers à soupe de vin de riz ou de sherry*
*une bonne pincée de sucre*
*625 g de petits poireaux*
*30 g de beurre*
*2 à 3 cuillers à soupe de vin blanc sec*
*2 cuillers à soupe d'huile de tournesol*
*pour la garniture, feuilles de sauge fraîche*

**Sauce à la moutarde**
*3 échalotes*
*1 cuiller à soupe d'huile de tournesol*
*30 g de sucre*
*3 cuillers à soupe de vinaigre de vin blanc*
*4 cuillers à soupe de vermouth sec*
*200 ml de consommé de bœuf en boîte*
*1 cuiller à soupe de moutarde à l'ancienne*
*sel et poivre noir fraîchement moulu*

Parez la viande de porc et réservez les parties inutiles pour la sauce. Découpez en diagonale la viande en tranches de 2,5 cm. Hachez finement l'ail et mettez-le dans un grand bol avec la sauce soja, le vin de riz ou le sherry et ajoutez le sucre. Ajoutez la viande dans le bol, remuez pour enrober de marinade et réservez. Nettoyez les poireaux et coupez-les en diagonale en tranches épaisses.

Préparez la sauce à la moutarde. Hachez finement les échalotes et les parures de viande. Faites-les frire avec le sucre dans l'huile jusqu'à ce qu'ils caramélisent légèrement. Déglacez la poêle au vinaigre et faites réduire en sirop. Ajoutez le vermouth et réduisez en sirop. Ajoutez le consommé et laissez cuire pendant 10 à 15 minutes. Passez au tamis dans une casserole propre, ajoutez la moutarde, assaisonnez. Couvrez et réservez au chaud.

Faites fondre le beurre dans une sauteuse et ajoutez les poireaux, le vin, du sel et du poivre à volonté. Posez le couvercle sur la casserole et faites doucement étuver les poireaux. Au même moment, faites chauffer l'huile dans une autre sauteuse et faites sauter les tranches de porc à feu modéré à doux pendant 3 à 4 minutes de chaque côté.

**Avant de servir :** dressez un lit de poireaux sur chaque assiette chauffée et disposez la viande dessus. Nappez de sauce et décorez de feuilles de sauge. Servez sans attendre.

### Les conseils du chef

*Le porc et les poireaux doivent être cuits en dernière minute. Assurez-vous que tous les ingrédients sont préparés et assemblés avant de commencer.*

*Les poireaux lavés et détaillés en julienne s'achètent en sachet dans de nombreux supermarchés. Ils sont un peu plus chers que les poireaux entiers, mais ils permettent de gagner beaucoup de temps.*

*Le porc peut être découpé, placé dans la marinade la veille et conservé au réfrigérateur pendant la nuit. La sauce peut également être préparée et passée la veille mais n'ajoutez pas la moutarde à ce moment-là. Quand la viande est prête, réchauffez doucement la sauce et ajoutez la moutarde pour terminer.*

Pour 6 personnes.

Préparation : 15 minutes.

Temps de cuisson : 1 heure environ.

**Les conseils du chef**

*Si vous achetez l'agneau chez le boucher, demandez-lui également de vous donner l'os détaillé en petits morceaux. Vous pouvez l'ajouter dans le plat avec les légumes hachés pour relever la sauce.*

*Le temps de cuisson est relativement court parce que le rôti d'agneau se sert saignant. Si vous le préférez rosé, prolongez la cuisson de 10 à 15 minutes.*

# Rôti d'agneau
## à la sauce à l'ail et au thym

Un simple rôti pour un déjeuner du dimanche arrosé d'une sauce délicieusement parfumée. Accompagnez de légumes du Midi rôtis (page 72) et de purée de pommes de terre aux fines herbes.

*6 gousses d 'ail*
*1 petite carotte*
*1 petit oignon*
*1 petite branche de céleri*
*1 rôti d'agneau désossé et roulé (gigot ou épaule) de 1,8 kg environ*
*sel et poivre noir fraîchement moulu*
*90 g de beurre en pommade*
*300 ml de vin blanc sec*
*500 ml de bouillon d'agneau ou de bœuf chaud*
*1 brin de thym frais*
*1 feuille de laurier*

Préchauffez le four à 190°, thermostat 5. Coupez les gousses d'ail en deux. Hachez grossièrement la carotte, l'oignon et le céleri. Frottez l'agneau de tous côtés avec la partie coupée des 2 demi-gousses d'ail. Enduisez-le ensuite de sel et de poivre. Placez le rôti dans un plat à four et badigeonnez-le de beurre.

Faites rôtir la viande pendant 30 minutes. Retournez ensuite le rôti et disposez tout autour les légumes et l'ail restant. Enfournez pendant 30 minutes encore ou jusqu'à ce qu'il soit cuit comme vous le souhaitez. Retirez le rôti, couvrez de papier d'aluminium et réservez au chaud. Diminuez la chaleur du four à 110°, thermostat 1/4.

Versez le contenu du plat à four dans un grand tamis et laissez égoutter la graisse dans un bol. Dégraissez. Transvasez les légumes dans le plat à four que vous déposerez sur le plan de cuisson. Déglacez avec le vin, en grattant le plat pour décoller les sucs de cuisson. Faites frémir en remuant jusqu'à ce que le vin se soit presque entièrement évaporé.

Ajoutez le bouillon, le brin de thym et la feuille de laurier. Portez à ébullition en remuant et laissez frémir jusqu'à ce que le mélange réduise de deux tiers. Pendant ce temps, découpez et dressez la viande sur un plat de service chauffé et recouvrez d'une feuille d'aluminium. Enfournez pour réchauffer le plat pendant 3 à 5 minutes.

**Avant de servir :** dégraissez la sauce dans la saucière et présentez-la avec le rôti.

# Filet de porc au pesto

Un plat idéal pour des invités de dernière minute, très rapide et simple à préparer. Servez avec une julienne de courgettes, de poireaux, de carottes et de poivron orange. Vous pouvez également servir ce plat avec de la polenta.

*1 rôti de porc (dans le filet) de 375 g*
*1 grosse cuiller à soupe de farine*
*sel et poivre noir fraîchement moulu*
*2 cuillers à soupe d'huile d'olive*
*3 cuillers à soupe de pesto au basilic fait maison ou en bocal*
*125 ml de sherry demi-sec ou de vin blanc de Vouvray*

**Décoration**

*feuilles de basilic frais*

Parez la viande et découpez-la en diagonale en tranches de 2,5 cm de manière à obtenir 10 tranches environ. Déposez les tranches sur une planche et aplatissez-les avec le fond d'une casserole ou un maillet à viande jusqu'à ce qu'elles atteignent 1,5 cm d'épaisseur.

Faites préchauffer le gril. Saupoudrez une assiette de farine et assaisonnez copieusement. Roulez les tranches de viande dans la farine de manière à les enrober. Faites chauffer l'huile dans une grande poêle et faites frire la viande pendant 2 minutes de chaque côté.

Déposez les tranches de viande dans un plat à four. Réservez la poêle à frire. Etalez le pesto sur chaque tranche de viande et passez-les sous le gril pendant 30 à 60 secondes jusqu'à ce que le pesto frémisse. Transvasez dans des assiettes chauffées et réservez au chaud.

Versez le sherry ou le vin dans la poêle à frire et remuez à feu modéré jusqu'à ce que la poêle soit bien déglacée et que les sucs de cuisson soient bien incorporés au vin. Nappez la viande.

**Avant de servir :** garnissez de basilic frais et servez sans attendre.

Pour 2 à 3 personnes.

Préparation : 10 minutes.

Temps de cuisson : 8 minutes environ.

**Les conseils du chef**

*Vous pouvez découper la viande en tranches et l'enrober de farine assaisonnée la veille. Recouvrez ensuite et placez au réfrigérateur.*

*Surveillez attentivement la cuisson sous le gril et n'y laissez pas le pesto pendant plus de 30 à 60 secondes, car il risque de brûler.*

# Accompagnements

Les légumes frais de saison sont une bénédiction pour les cuisiniers affairés, parce que plus simplement et rapidement ils sont cuits, meilleurs ils sont. Une cuisson rapide permet également de préserver vitamines et minéraux. Et vous trouverez dans ce chapitre des recettes qui vous permettront de préparer en accompagnement quelques préparations internationales Le Cordon Bleu.

Si le temps presse, n'hésitez pas à tirer profit des gammes de légumes préparés vendus dans les supermarchés. Ils sont un peu plus chers que les légumes non préparés, mais ils sont de bonne qualité et il n'y a rien à jeter. Ils permettent surtout de gagner du temps ; c'est donc de l'argent dépensé intelligemment. Les légumes préparés de la Méditerranée sont toujours très bien accueillis, mais vous pouvez essayer des variétés moins habituelles et plus exotiques. Essayez les patates douces à la place des pommes de terre et différents types de courges pour remplacer les courgettes, goûtez le chou chinois qui vous changera du chou et les mooli blancs japonais à la place des radis. De même, remplacez les pommes de terre par de la polenta, et le riz et les pâtes par du couscous ou du boulgour. Tous sont rapides à préparer et ne vous demanderont aucun effort supplémentaire.

Les salades sont les garnitures les plus faciles à servir, mais ne vous contentez pas de les sortir de leur sachet pour les servir aussitôt. Ajoutez toujours un ou deux ingrédients frais pour leur apporter une touche personnelle. Les croûtons et les dés de céleri ajoutent une note croustillante. Les lanières de poivron et les tomates séchées au soleil sont savoureuses. Les lardons croquants, le fromage râpé et les noix hachées sont une source de protéines. Chaque ingrédient permet de transformer la plus ordinaire des salades en garniture originale.

Pour 4 à 6 personnes.

Préparation : 10 minutes.

Temps de cuisson : 40 à 50 minutes.

**Les conseils du chef**

*Les légumes rôtis sont délicieux accompagnés de fines herbes fraîches telles que le basilic, le thym, le romarin ou la marjolaine. Ils s'accompagnent également d'olives noires ou vertes dénoyautées.*

*Si vous souhaitez les réchauffer, faites-les simplement sauter dans quelques gouttes d'huile d'olive. Agrémentés de fromage de feta, ils sont parfaits pour garnir les pittas.*

# Légumes rôtis du Midi

Rien ne vaut la saveur des légumes rôtis qui sont si faciles à préparer au four. Ils accompagnent parfaitement la viande ou la volaille, et se servent également froids, en salade, ou en entrée.

*2 gros poivrons (1 rouge et 1 jaune)*
*1 aubergine de 300 g environ*
*2 grosses courgettes, 375 g environ au total*
*250 g de tomates cerises*
*2 grosses gousses d'ail*
*1 ou 2 branches de thym*
*6 cuillers à soupe d'huile d'olive*
*sel et poivre noir fraîchement moulu*
*en accompagnement, huile d'olive et vinaigre balsamique*

Préchauffez le four à 190°, thermostat 5. Découpez les poivrons en gros morceaux, en enlevant les pépins et les côtes. Coupez les extrémités des aubergines et des courgettes et découpez ces légumes en gros morceaux. Equeutez les tomates. Hachez grossièrement l'ail.

Mettez les légumes préparés et les branches de thym dans un plat à four. Parsemez d'ail, arrosez d'huile d'olive, salez et poivrez. Remuez et enfournez pendant 40 à 50 minutes, jusqu'à ce que les légumes soient tendres et bien rôtis. Remuez plusieurs fois en cours de cuisson.

**Avant de servir :** arrosez d'huile d'olive et/ou de vinaigre balsamique si vous le souhaitez et servez chaud ou froid.

Pour 6 personnes.

Temps de préparation : 30 minutes environ.

**Variantes**

*Remplacez le couscous par du boulgour et préparez-le en suivant les instructions fournies sur l'emballage.*

*Remplacez les poivrons frais par des poivrons rôtis.*

*Remplacez les crevettes par du thon en boîte émietté.*

# Salade de couscous
## aux crevettes

Une salade colorée et savoureuse à servir en plat principal. Présentez-la avec du pain croustillant pour un repas d'été au jardin. Pour les végétariens ou en accompagnement, contentez-vous de supprimer les crevettes.

*200 g de couscous précuit*
*2 à 3 tomates fermes, 250 g au total*
*2 poivrons (1 rouge et 1 jaune), pesant chacun 150 g environ*
*1 à 2 gousses d'ail, selon vos préférences*
*250 g de crevettes cuites, épluchées et dégelées si elles sont surgelées*
*jus de 2 citrons verts*
*sel et poivre noir fraîchement moulu*
*150 ml d'huile d'olive extra vierge*
*1 grosse poignée de coriandre ou de menthe fraîche*

Mettez le couscous dans un grand bol et versez l'eau bouillante jusqu'à 2,5 cm au-dessus des grains. Laissez tremper pendant 20 minutes environ en séparant les grains de couscous à la fourchette après 10 minutes.

Pendant ce temps, enlevez le trognon, épépinez et découpez les tomates en petits dés. Mettez-les dans un tamis et égouttez-les. Epépinez les poivrons et découpez-les en dés de la même taille que les tomates. Ecrasez l'ail. Faites sécher les crevettes sur du papier absorbant.

Préparez la vinaigrette. Incorporez le jus de citron, l'ail, le sel et le poivre en remuant vigoureusement jusqu'à ce que le sel soit dissous. Incorporez ensuite progressivement l'huile jusqu'à obtenir une émulsion. Hachez finement un tiers de la coriandre ou de la menthe et ajoutez à la vinaigrette en remuant vigoureusement.

Hachez grossièrement trois quarts des crevettes et ajoutez au couscous avec les légumes et la vinaigrette. Mélangez convenablement. Réservez un brin de coriandre ou de menthe pour la garniture et hachez grossièrement le reste que vous mélangerez à la salade. Mettez au réfrigérateur jusqu'au moment de servir.

**Avant de servir :** remuez la salade, goûtez et rectifiez l'assaisonnement, transvasez dans un bol de service. Déposez le restant des crevettes entières et les herbes sur la salade. Servez à température de la pièce ou glacé.

Pour 4 personnes.

Préparation : 5 minutes.

Temps de cuisson : 30 minutes environ.

**Les conseils du chef**

*Avant de préparer le riz basmati, lisez attentivement les instructions fournies sur l'emballage. Certaines variétés doivent être rincées dans un tamis sous l'eau froide jusqu'à ce que celle-ci soit claire pour que les grains de riz ne collent pas.*

*Si vous cuisinez autre chose sur le plan de cuisson, il sera peut-être plus simple de cuire le riz au four. Utilisez dans ce cas une cocotte en fonte munie d'un couvercle et enfournez à 190°, thermostat 5, pendant 25 minutes.*

**Variante**

*Pour agrémenter d'une note colorée et épicée, ajoutez une ou deux pincées de curcuma ou de fils de safran après avoir ajouté le bouillon.*

# Riz pilaf

L'oignon, la pistache, les noix et le raisin apportent une saveur et une texture particulières au riz basmati. C'est l'accompagnement idéal des currys indiens et des plats en sauce. Il convient également aux brochettes et au poulet grillé.

*1 petit oignon*
*90 g de pistaches décortiquées*
*2 cuillers à soupe d'huile d'olive*
*250 g de riz basmati*
*500 ml de bouillon de légumes ou de poule chaud*
*sel et poivre noir fraîchement moulu*
*15 g de beurre*
*90 g de raisins*

Ciselez l'oignon. Concassez les pistaches. Réchauffez l'huile dans un poêlon, ajoutez l'oignon et faites revenir à feu doux pendant 3 à 5 minutes jusqu'à ce qu'il soit bien réduit et qu'il prenne de la couleur.

Ajoutez le riz et remuez pendant 2 à 3 minutes jusqu'à ce qu'il soit bien mélangé à l'oignon. Incorporez lentement le bouillon, remuez et amenez à ébullition. Couvrez et laissez frémir à petit feu pendant 20 minutes sans soulever le couvercle.

Retirez le couvercle et séparez le riz à la fourchette. Ajoutez le beurre, les pistaches et les raisins et mélangez à la fourchette. Assaisonnez à volonté.

**Avant de servir :** versez sur un plat de service chauffé et servez chaud.

# Champignons
## à la crème d'ail

Pour 4 personnes.

Préparation : 15 minutes.

Temps de cuisson : 30 minutes environ.

La sauce à base d'ail réduit en purée qui accompagne les champignons est riche et onctueuse. Avec du steak ou du poulet grillé, ou encore mélangé à de petites pâtes telles que les penne, les farfalle ou les conchiglie, c'est un véritable régal.

*6 à 8 gousses d'ail, selon vos préférences*
*400 ml de bouillon de poule ou de légumes chaud*
*625 g de champignons de Paris*
*30 g de beurre*
*1 cuiller à café de jus de citron*
*sel et poivre noir fraîchement moulu*
*200 ml de crème double*

Dans un petit poêlon, laissez frémir à petit feu dans le bouillon les gousses d'ail entières et pelées jusqu'à ce qu'elles soient bien réduites, pendant 18 à 20 minutes environ.

Pendant ce temps, émincez les champignons. Laissez fondre le beurre dans un poêlon et ajoutez le jus de citron, les champignons et une pincée de sel. Mélangez, couvrez et faites frémir à petit feu pendant 10 minutes. Versez les champignons dans un tamis et réservez le liquide.

Versez l'ail et le bouillon dans une moulinette avec le jus de cuisson des champignons. Passez à la moulinette jusqu'à obtenir un mélange homogène. Transvasez la préparation dans le poêlon et laissez bouillir jusqu'à ce qu'elle réduise et épaississe. Ajoutez la crème et les champignons et laissez frémir pendant 5 minutes en remuant fréquemment. Salez et poivrez à volonté.

**Avant de servir :** versez dans un bol de service chauffé et servez sans attendre.

### Le conseil du chef

*Pour obtenir une saveur terreuse, utilisez un mélange de champignons de culture et de champignons des bois. En automne, les cèpes frais abondent. Préparés de cette façon, ils sont délicieux.*

### Variante

*Pour accentuer davantage le goût des champignons, vous pouvez ajouter quelques cèpes séchés. Ils se vendent souvent sous leur dénomination italienne «porcini». Trempez-les dans l'eau chaude pendant 20 minutes, égouttez et hachez finement. Faites-les cuire avec les champignons frais.*

# Desserts

Tout le monde adore les desserts même si certaines personnes préfèrent ne pas l'admettre. Le chocolat, la glace, les fruits frais, les tartes, les puddings de notre enfance, les gâteaux au fromage, les crêpes, les crumbles : qui peut y résister ? C'est pourquoi, même si vous êtes occupé, prévoyez un petit moment pour penser au dessert.

Dans ce chapitre, vous trouverez des suggestions de desserts à préparer en un rien de temps.

Comme toujours, la présentation compte pour beaucoup dans la préparation des desserts. Quelques fruits peuvent être joliment arrangés sur une belle assiette ou un beau plat en verre, une tarte préparée avec un fond de tarte tout prêt paraîtra plus belle si elle est servie sur un compotier, et un glaçage ou un nuage de sucre glace transforment le plus banal des puddings en dessert raffiné. Les décorations sont indispensables et la plus simple fera merveille. Des brins d'herbes fraîches, des fraises bien fraîches non équeutées, des physalis avec leur capuchon retroussé, une petite spirale de crème : ces petites astuces bien connues des grands chefs produisent un effet assuré.

Ces desserts sont si simples et rapides qu'il vous sera possible d'en proposer deux, un must si vous fêtez un événement important ou si vous recevez beaucoup de monde. Les convives aiment pouvoir choisir ou se resservir, ce qui permet de terminer le repas de manière agréable et détendue.

Pour 6 à 8 personnes.

Préparation : 15 minutes, plus le temps nécessaire pour refroidir la tarte.

Temps de cuisson : 15 minutes.

### Les conseils du chef

*Les fonds de tarte en pâte feuilletée ou brisée s'achètent dans la plupart des supermarchés au rayon des produits surgelés. Ils sont roulés séparément et doivent être dégelés avant d'être déroulés. La pâte, fine, croustillante et légère, convient parfaitement à la préparation des tartes et des quiches.*

*Pour la cuisson du fond de tarte vide, vous pouvez acheter des haricots en porcelaine dans les magasins d'articles ménagers ou utiliser des légumes secs ou du riz. Vous pouvez également déposer un deuxième moule à tarte sur la feuille de papier sulfurisé à l'intérieur du fond de tarte. Choisissez un moule à tarte un peu plus petit que celui dans lequel vous cuisez la pâte.*

# Tarte au citron

Piquant et acidulé, ce gâteau traditionnel est très rapide à préparer surtout si vous utilisez une pâte feuilletée toute prête pour confectionner le fond de tarte. Elle peut être servie telle quelle ou décorée de crème et de baies comme illustré ci-contre.

*Pâte feuilletée dégelée de 28 cm environ*
*6 gros œufs*
*200 ml de jus de citron (4 à 6 gros citrons)*
*200 g de sucre en poudre*
*125 g de beurre*

**Décoration**

*sucre glace*
*crème*
*fruits frais*

Préchauffez le four à 190°, thermostat 5. Réchauffez une feuille de papier sulfurisé dans le four. Déposez la pâte dans un plat à tarte de 24 cm à fond amovible et égalisez les bords. Déposez le papier chauffé sur la pâte et remplissez à ras bord de haricots secs. Laissez cuire pendant 10 minutes. Retirez les haricots et la feuille de papier sulfurisé et laissez cuire le fond de tarte vide pendant 5 minutes. Retirez le fond de tarte du four et réservez dans le moule déposé sur une grille.

Pendant ce temps, versez les œufs, le jus de citron et le sucre dans un poêlon et mélangez vigoureusement au fouet. Réchauffez à feu doux à modéré et mélangez constamment au fouet jusqu'à ce que le mélange soit bien épais et que le fouet laisse des traces dans la crème lorsque vous le soulevez. Retirez du feu et versez dans un bol propre. Découpez le beurre en dés et mélangez à la préparation jusqu'à ce qu'il soit fondu.

Versez la préparation sur la pâte et réservez. Mettez au réfrigérateur pendant 1 à 2 heures ou jusqu'à ce que la crème au citron se soit figée.

**Avant de servir :** retirez la tarte du réfrigérateur, démoulez-la précautionneusement et déposez-la sur un plat de service. Laissez reposer à température ambiante pendant 30 minutes. Saupoudrez le sucre glace au moyen d'un tamis. Servez avec de la crème fraîche et des fruits frais.

Première édition en langue anglaise : Cassel plc.

Titre original : *Quick Classics*.


Traduction : BD & D Translations.

Photographies : Amanda Heywood.



Imprimé en Italie par Milanostampa S.p.A. - février 2000

I.S.B.N. 2 501 03282 9 – 4029336 – Dépôt légal : mars 2000/0099/052